AF268358

A l'Assemblée Nationale

GUERRE OU PAIX

PAR

Frédéric de CONINCK

PRIX : 1 FR.

SE VEND AU PROFIT DE L'AMBULANCE INTERNATIONALE

DU HAVRE

> Gloire soit à Dieu au plus haut des Cieux : paix sur la terre, bonne volonté envers les hommes.
> LUC, II, 14.

HAVRE

Imprimerie du Commerce, A. LEMALE aîné, Quai d'Orléans, 9.

8 FÉVRIER 1871

GUERRE OU PAIX

Dans un duel, suite d'une querelle, le combattant qui de son poignet de fer aurait brisé l'épée de son plus faible adversaire ne serait pas admis à lui dire, alors même qu'il serait l'insulté : « Si vous ne signez pas les excuses que je vais vous « dicter je vous passerai à travers le corps cette épée bien « plus longue et bien plus aigue que le tronçon d'arme qui « vous reste en main; » car à pareil langage le vaincu ne manquerait pas de répondre : « Je reconnais mes torts et je me « déclare prêt à vous faire telles excuses et réparations que nos « témoins jugeront devoir vous être faites ; mais je ne vous « reconnais pas le droit de m'en dicter de contraires aux lois « de la justice et de l'honneur, encore moins de me parler « de continuation de combat, alors que je n'ai plus d'arme et « qu'il ne serait qu'un lâche assassinat. »

Il est évident, suivant les lois qui régissent le duel, que si le vainqueur ne se rendait pas à un langage à la fois si juste et si digne et s'il prétendait continuer la lutte, les témoins interviendraient, le désarmeraient et le dénonceraient à la vindicte publique.

La guerre si regrettablement déclarée par la France à la Prusse n'a été que l'image de ce duel et elle doit se terminer de la même manière.

L'épée de la France a été brisée et son puissant ennemi qui la domine en ce moment, peut en quelques jours, grâce aux forces dont plus que jamais il dispose, disperser ou envoyer encore prisonnières en Allemagne les armées affaiblies des braves généraux Chanzy et Faidherbe ; il peut aussi brûler ou affamer à nouveau Paris, envahir toute ville où le Gouvernement tenterait d'établir son siége, s'emparer de tous les chemins de fer, de toutes les routes, de tous les télégraphes, de toutes les postes, ainsi que de tous les principaux bureaux de finances, et empêcher ainsi le pays de former aucune nouvelle armée pouvant lui être opposée avec la moindre chance de succès.

L'ennemi empêcherait de même le pays de se livrer à aucun commerce ni à aucune industrie, en un mot il l'empêcherait de faire ce qui est aussi nécessaire à la vie d'une nation que la respiration l'est à celle d'un individu.

Privé d'un gouvernement pouvant avoir un siége et ayant les moyens de se faire écouter et obéir, la France serait très rapidement réduite à l'état d'une machine sans moteur et sans mécanicien pour la diriger, et *des millions* d'ouvriers privés violemment de tous moyens de travail et d'existence seraient poussés, les uns par la faim, les autres par leurs mauvais instincts, à la plus épouvantable des jacqueries. Le démon du socialisme, que l'observation des lois tient seule enchaîné, aurait été lâché par la Prusse et la grande et terrible guerre entre ceux qui n'ont rien et ceux qui ont quelque chose, fruit de leur travail et de leur économie ou de ceux de leurs parents, une fois commencée, elle ne s'arrêterait pas aux frontières de France, elle couvrirait de ruines l'Europe tout entière et l'Allemagne en subirait comme les autres pays les désastreuses conséquences.

En voulant accomplir l'œuvre satanique d'anéantir la France, la Prusse courrait à son propre anéantissement et pendant ce nouveau chaos la civilisation du monde reculerait de bien des siècles.

M. de Bismark, si peu scrupuleux qu'il soit parfois sur les moyens à employer pour arriver à la réalisation de ses idées, est bien trop habile pour ne pas voir où le conduiraient des prétentions excessives envers la France vaincue, qui, pour la seconde fois depuis Sédan, lui demande la paix et se déclare prête à l'accepter à des conditions jugées honorables, justes et légitimes par les puissances neutres, lesquelles par un heureux hasard, se trouvent en ce moment même réunies en congrès à Londres pour la révision du traité de 1856.

La France ne saurait être suspectée d'espérer trouver auprès de ces puissances plus qu'une stricte justice ; car la Hollande a à lui reprocher d'avoir contribué, par le siége d'Anvers, à lui enlever la Belgique, la Russie se souvient de la guerre de Crimée et l'Autriche de Magenta et Solferino; l'Italie, qui lui doit son unification, lui pardonne difficilement de l'avoir entravée par une longue occupation de Rome; le Danemarck, qui se montre aujourd'hui si généreux pour les blessés français, serait bien fondé à reprocher à son ancienne alliée de lui avoir laissé enlever le Schleswig alors qu'il lui aurait suffi, d'accord avec l'Angleterre, de défendre à la Prusse d'y toucher; et, enfin, dernièrement l'Espagne a eu à regretter son indiscrète ingérence dans le choix de son souverain. La Prusse, on le voit, n'aurait aucune raison pour craindre, de la part des puissances étrangères, une partialité en faveur de la France et elle n'aurait ainsi pas de motif légitime pour refuser leur arbitrage.

Si donc M. de Bismark repoussait la proposition qui pourrait lui être faite en ce sens par les députés que la France vient d'élire pour constituer son gouvernement (1) et pour traiter de la paix, les nations neutres pourraient se tenir pour averties que la Prusse ne veut la ruine de la France que pour arriver plus facilement à annexer successivement à l'Empire Allemand : *le Luxembourg, la Belgique, la Hollande, Helligoland, ce qui reste du Danemark, une notable portion de ce qui reste de l'Autriche, (pour arriver à avoir Trieste)*, la

---

(1) Il semble très désirable que l'Assemblée constituante se prononce pour une République honnête, qui en ne faisant triompher aucun parti pourrait tous les réunir. Mais si la majorité repoussait cette forme de gouvernement pour lui préférer une monarchie constitutionnelle, personne probablement, n'aurait plus contribué à étouffer la République dans son berceau que M. Gambetta par son étrange décret sur les *inéligibilités*, mettant ses fantaisies personnelles au-dessus du libre arbitre de dix millions d'électeurs !

M. Gambetta est assurément un jeune homme de beaucoup de talent et qui a fait preuve d'une grande énergie dans l'organisation de la défense nationale; mais, il est permis de douter de la rectitude de son jugement en voyant qu'il n'a pas su comprendre qu'une République s'établit par des adhésions et non par des exclusions. Son collègue, le vieux M. Crémieux, semble du reste n'avoir guère été mieux inspiré lorsqu'il a, tout dernièrement imaginé de *destituer* un certain nombre de très respectables présidents de cours d'appel, oubliant, paraît-il, que la magistrature est, Dieu merci, inamovible en France et que l'illustre Dupin aîné a dit, avec la haute sagesse qui le caractérisait : « *Un gouvernement n'est fort que par la loi ; on l'ébranle par l'arbitraire.*

Ah ! si la pauvre République, si maltraitée par de soi-disant républicains, pouvait se faire entendre, elle ne manquerait pas de s'écrier : Mon Dieu ! délivrez-moi de mes faux amis; je me charge de mes vrais ennemis, car ils viendront à moi quand ils verront que, sous mon règne il y aura *liberté pour tous et licence pour personne.*

Suisse allemande, probablemeut l'ancienne principauté de Neuchâtel, etc., etc.

La paix entre la Prusse et la France est donc une question qui intéresse au plus haut point l'Europe entière et même les Etats-Unis, qui ont un si grand intérêt, à pouvoir commercer librement, sûrement et avantageusement avec tous les pays de cette partie du monde.

Aussi, appelées par la France, légalement représentée, à régler ces conditions de paix avec la Prusse, les puissances neutres déclineraient d'autant moins cette grande, noble et sainte mission, qu'elle établirait un précieux précédent pour l'ajustement amical, *et sans guerre*, de tous autres conflits qui à l'avenir pourraient menacer la paix de l'Europe, le bonheur des peuples et les progrès de la civilisation.

L'Allemagne ne doit pas seulement désirer la paix, mais aussi une paix *durable*, et M. de Bismark comprendra à merveille que celle qu'il ferait à conditions jugées justes et équitables par des tiers impartiaux, aurait beaucoup plus de chances de durée qu'une paix imposée par la violence et subie le couteau sur la gorge et sans avoir pu être discutée.

L'habile diplomate, n'est probablement pas assez aveuglé par la modestie sur son propre mérite pour méconnaître que son pays a dû ses succès de 1866 aussi bien que ceux de 1870-1871, d'une part à l'incapacité, à l'ignorance et à l'aveuglement de ceux qui étaient à la tête des affaires en France, et ensuite à l'immense et peu scrupuleux talent diplomatique et militaire qui a présidé à ces deux guerres, et l'histoire est là pour lui dire que la réunion de trois hommes tels que le comte de Bismark, le comte de Moltke et le roi Guillaume est, heureusement pour l'humanité, aussi rare

que des hommes du génie et du caractère de Napoléon 1er; il
en conclura que dans dix ans, plus ou moins, l'Allemagne
n'ayant plus à sa tête le même triumvirat pourrait bien ne
plus présenter la même force.

M. de Bismark admettra aussi que si la Prusse avait été
livrée à sa seule puissance de résistance ou d'attaque, ainsi
que Napoléon III l'avait si follement présumé, ses victoires
auraient pu être autant de défaites, et il comprendra qu'il
n'est pas absolument certain que *le Wurtemberg, la Bavière,
la Saxe* et *le Grand Duché de Bade,* dont les vaillantes troupes
ont tant contribué à ses succès, seront en tous temps dispo-
sés à sacrifier leur sang pour la plus grande gloire d'un
monarque qui veut à la fois être roi de Prusse et Empereur
d'Allemagne et qui passe pour ménager à la guerre sa propre armée plus que celles de ses confédérés.

L'unification de l'Allemagne à laquelle depuis si longtemps tout Allemand aspire, et que la France a eu le plus
grand tort de vouloir injustement entraver, est loin d'être
réalisée par l'état de choses imaginé par M. de Bismark dans
l'intérêt de la Prusse, et le jour viendra peut être bientôt où
les Allemands, *autres que Prussiens,* trouveront que le nouveau *Bertrand* leur fait trop jouer le rôle du *Raton* de la
fable. — Ils exigeront alors qu'il n'y ait plus de *Prusse*
mais seulement une grande et puissante Allemagne, républi-
caine ou monarchique, formée par les adhésions volontaires
des populations et non par des annexions coercitives, les
traitant comme autant de troupeaux.

Dans ces agitations, à prévoir tôt ou tard en Allemagne,
qui sait si certaines de ses populations ne seront pas
entrainées à avoir des conflits avec la Prusse pour la faire
renoncer à son *régime du sabre* et obtenir plus de liberté

pour tous les Allemands, ou encore si l'Allemagne entière ne
finira pas par avoir la guerre avec la Russie ou l'Autriche,
fatiguées de l'arrogance prussienne ou effrayées de son ambi-
tion ; et, si jamais la France était appelée à prendre part à ces
conflits, fût-ce dans un siècle, M. de Bismark peut bien se
dire que la manière dont il va conclure la paix avec la
France ne serait pas oubliée, et qu'il faudra beaucoup de
générosité pour faire perdre le souvenir de toutes les atro-
cités, contraires aux usages de la guerre entre peuples
civilisés, que la France vient de subir.

Pour l'honneur de l'humanité il faut croire qu'il y a eu
bien de l'exagération dans les récits que les journaux en
ont rapportés; mais il est malheureusement incontestable que
de nombreux villages ont été volontairement incendiés avec
du pétrole et leurs malheureux habitants réduits à la plus
affreuse misère, alors que leur seul crime était d'avoir été
envahis par des francs-tireurs auxquels ils auraient bien
voulu pouvoir refuser asile, mais qui malgré eux s'instal-
laient dans leurs demeures ou même seulement dans leurs
environs (1).

---

(1) La *Gazette de Cologne* raconte, de la manière suivante, la destruction
du pont de Fontenoy par les Français.

« Une bande de soldats en uniforme, partis de Langres, sont arrivés
au village de Fontenoy, à 5 kilomètres de Toul, y ont surpris le poste
prussien commis à la garde du pont, ont tué quelques-uns des soldats et
fait les autres prisonniers. En même temps, deux ingénieurs, qui accom-
pagnaient l'expédition, faisaient sauter deux arches du pont. Après l'expédition, les Français se sont remis en route emmenant leurs prisonniers. »

C'est donc là un fait de guerre régulier, reconnu par le droit des gens et
raconté comme tel par la *Gazette de Cologne*; et, cependant, pour ce fait,
la circonscription ressortissant du gouvernement général de la Lorraine
a été condamnée à payer une contribution extraordinaire de *dix millions
de francs*, à titre d'indemnité, *et le village de Fontenoy a été immédiate-
ment incendié !!!*

Ce n'est pas tout. Cinq cents ouvriers furent requis par l'autorité prussienne, sur les chantiers de la ville de Nancy. En apprenant, à la gare
qu'il s'agissait de monter dans le train pour se rendre à Fontenoy et y

Il est non moins avéré que, pour le même fait, et sans avoir opposé aux Prussiens une résistance personnelle, qui

---

réparer le pont, ces ouvriers refusèrent et rentrèrent aux chantiers en chantant la *Marseillaise*. Alors M. le Préfet prussien, comte Renard, prit l'arrêté suivant, placardé dans toute la ville :

Nous, préfet de la Meurthe,

Considérant que les 500 ouvriers demandés pour travail urgent, et qui devaient se présenter à la gare ne l'ont pas fait,

Arrêtons :

« 1° Tant que les 500 ouvriers ne seront point rendus à leur poste, tous les travaux publics du département de la Meurthe seront suspendus.

» En conséquence, les travaux des fabriques de construction de routes et chemins, des chantiers, et tous les travaux d'utilité publique sont interdits.

» 2° Tout atelier particulier occupant plus de dix ouvriers sera fermé dès aujourd'hui, dans les mêmes conditions que les travaux précités.

» En conséquence, sont arrêtés tous les travaux de construction, chantiers de charpentiers, menuisiers, maçons, manœuvres, tous les travaux de mines ; toutes les fabriques, quelles qu'elles soient, seront fermées.

» 3° Il est interdit, en outre, aux patrons, entrepreneurs et fabricants qui auront suspendu leurs travaux, de continuer à payer les ouvriers.

» 4° Tout entrepreneur, patron ou fabricant qui contreviendra aux dispositions du présent arrêté, sera frappé d'une amende de dix mille à cinquante mille francs, pour chaque journée où il aura fait travailler et pour chaque paye qu'il aura faite.

» 5° Le présent arrêté sera révoqué aussitôt que les 500 ouvriers seront rendus à leur poste, et il sera alloué à chacun d'eux une paye de trois francs par jour.

» *Le Préfet*, comte Renard. »

Ces faits se passent de commentaires et permettent de se demander si les Prussiens peuvent encore se dire un peuple civilisé. A Dreux un autre préfet ou commandant prussien a annoncé à des habitants épuisés de réquisitions qu'il leur ferait payer 5 % *par jour* de retard dans l'acquittement de contributions qu'il leur avait arbitrairement imposées. Cet intérêt à DIX HUIT CENT POUR CENT PAR AN, est caractéristique.

Il faut reconnaître que, si dans beaucoup de localités les Prussiens se sont montrés en vrais barbares, dans d'autres on n'a pas eu à s'en plaindre, et que bien des personnes ont eu la bonne fortune d'avoir à loger des officiers et des soldats dont ils n'ont eu qu'à se louer et qui étaient les premiers à gémir de l'ignoble métier qu'ils étaient, souvent à leur grand regret, contraints de faire.

Le peuple allemand est généralement très doux chez lui et il fait violence à son caractère lorsque, en guerre, il devient méchant et cruel *par ordre.*

aurait cependant été bien légitime, des Maires, des Adjoints, des Curés, des Maîtres d'Ecole et d'autres citoyens inoffensifs ont été saisis et fusillés !

L'abominable bombardement de Paris suffirait seul d'ailleurs pour prouver au monde entier combien a été grande le cruauté de roi de Prusse, puisqu'il n'a pas hesité à donner la mort à des malades dans les hôpitaux, à des femmes, à des enfants, et à détruire, à la manière des sauvages, des objets d'art et des collections scientifiques, alors qu'il savait parfaitement que la capitulation de la capitale lui était assurée par la famine, et qu'elle n'a pas été avancée d'un seul jour par cet injustifiable et lâche acte de barbarie.

L'histoire, dûment éclairée et dégagée de toutes exagérations, enregistrera tous ces crimes comme elle a enregistré ceux commis par les français en Allemagne au commence- de ce siècle, et il semble grand temps de clore à jamais ces honteuses annales ; pour cela il ne faut pas que M. de Bismark s'écarte, pour la conclusion de la paix, de ce que les usages de la guerre sanctionnent ; car, s'il en était autrement, la justice divine vengerait la France sur les enfants ou les petits-enfants de ses oppresseurs actuels, comme elle vient de le faire sur nous des méfaits commis en Allemagne par nos grands-pères.

Si la France était appelée à perdre, en totalité ou en partie, l'Alsace et la Lorraine, soit par neutralisation, soit par annexion à l'Allemagne, ce ne pourrait être que par décision des puissances étrangères; car volontairement elle n'en signerait pas plus la cession qu'une mère, à laquelle un ravisseur voudrait enlever ses enfants, ne pourrait consentir à leur abandon.

Les Alsaciens et les Lorrains sont français de cœur autant que les populations de n'importe quels autres départements, et jamais leurs concitoyens ne consentiraient, autrement que comme contraints et forcés, à les voir contre leur gré, changer de nationalité.

Les Lombards et les Vénitiens ont été longtemps faits sujets autrichiens ; mais ils n'ont jamais cessé d'aspirer à leur rentrée dans la famille italienne. M. de Bismark sait mieux que personne comment ce retour s'est opéré et il sait aussi que, si l'Autriche n'avait **pas** commis la lourde faute de maintenir cette annexion violente, elle aurait, très probablement, en 1866, été à Berlin au lieu d'être vaincue à Sadowa.

Les garanties que veut l'Allemagne contre la France, elle les a aujourd'hui, de la manière la moins contestable, dans ses 40 millions d'habitants et dans une admirable organisation militaire qui lui permet de mettre en quelques semaines plus de 1,000,000 d'hommes sous les drapeaux, et il est de la dernière évidence pour tous les hommes de bon sens, que ce serait bien plutôt aujourd'hui à la France à demander des garanties à l'Allemagne contre toute nouvelle invasion.

Après dix-huit siècles de christianisme il n'est pas permis à des peuples se disant chrétiens d'oublier qu'ils n'ont pas été créés pour se haïr mais pour s'aimer, que l'amour de l'humanité ne connaît pas de frontières, et que c'est dans les rapports fraternels entre les nations que toutes doivent trouver la satisfaction de leurs intérêts aussi bien que de leurs sentiments.

Que le roi Guillaume qui professe tant et un si légitime respect pour l'Evangile, et qui suivant les lois de la nature en connaîtra bientôt toute la vérité, ouvre ce saint livre avant de dicter ses conditions de paix à la France baignée de sang et de larmes, mais tenant toujours haut et ferme le drapeau de son honneur qui lui est plus cher que l'existence même, et qu'il y lise que lorsque le Christ, sur lequel repose son salut aussi bien que celui du dernier de ses sujets, s'est fait homme, le monde a entendu proclamer dans un chant céleste :

« *Gloire soit à Dieu au plus haut des cieux, paix sur la terre,*
» *bonne volonté envers les hommes.* »

Que de leur côté les Députés de la France, qui vont avoir à se prononcer sur la paix ou sur la continuation de la guerre, n'oublient pas que la justice doit passer avant même le patriotisme, et qu'ils aient le courage et la franchise de reconnaître que, si la France, après s'être vue sans raisons valables déclarer la guerre par la Prusse, avait été assez favorisée par le sort des armes pour conduire ses aigles à Berlin, elle n'aurait conclu la paix qu'en se faisant payer les frais de la guerre.

Mais la guerre actuelle, il ne faut pas l'oublier, a eu deux phases *très distinctes*. Dans la première, qui a pris fin à Sédan, tous les torts étaient du côté de la France, tandis que dans la seconde, l'agression a été exclusivement du côté de la Prusse qui a refusé la paix à M. Jules Favre à Ferrières, et un armistice, conforme aux lois et usages de la guerre, à M. Thiers à Versailles. Il n'y aurait donc *aucune justice* à faire supporter à la France tous les frais de la partie de la guerre qu'elle a dû subir *tout-à-fait contre son gré, et alors qu'elle n'a pas cessé de demander et de désirer la paix.*

Depuis que **M.** de Bismark a traité de la capitulation de Paris, non avec le commandant militaire de la capitale, mais avec M. Jules Favre, ministre des Affaires Étrangères et représentant du gouvernement provisoire de la France, il s'est ôté le droit de dire que, si, après Sédan et la capture de cet Empereur contre lequel son souverain avait solennellement annoncé vouloir seul faire la guerre, il n'a pas fait la paix, *c'est que la France se trouvait sans un gouvernement avec lequel il pût en traiter.*

En effet, entre la catastrophe de Sédan et le jour de la capitulation de Paris et de l'armistice, le gouvernement provisoire, qui depuis le 4 Septembre a dirigé les affaires de la France avec tant de dévouement, n'a pas changé, et il ne dépendait ainsi que de M. de Bismark de faire la paix *quatre mois plus tôt.* On peut dire, à son honneur, qu'il est très probable qu'il l'aurait faite s'il en avait été libre, et que, si la guerre a été si cruellement continuée, c'est que le roi Guillaume a voulu aller à Paris chercher cette couronne d'Empereur, qui a coûté tant de sang allemand et français.

Et c'est cette guerre, continuée si longtemps *par la seule volonté du roi de Prusse et dans son seul intérêt,* dont on viendrait aujourd'hui demander à la France de payer *bien des fois* tous les frais !

Les membres de l'Assemblée Nationale ou leurs délégués ne sauraient, on ne peut assez le répéter, discuter des conditions de paix avec un ennemi qui tient en ses mains la vie des deux millions d'habitants de Paris et qui peut, à son choix, les faire mourir par la faim ou par le feu, s'il ne préfère les anéantir par les deux moyens à la fois.

Il n'y a très évidemment que par les puissances neutres que la légitimité des conditions de pacification peut être reconnue, et la France demanderait d'une voie unanime à périr plutôt que de souscrire à une paix que le monde jugerait n'être pas honorable.

Si donc, bien mal inspirés, M. de Bismark ou le roi de Prusse, refusaient la paix offerte par la France aux conditions fixées par les puissances neutres, et acceptées d'avance par elle, l'Assemblée Nationale n'aurait plus qu'à se dissoudre, après avoir licencié ses armées, fait de ses soldats autant de francs-tireurs et mis à haut prix les têtes des chefs de ses cruels ennemis comme on le fait de celle de bandits ou d'animaux malfaisants ; la guerre durerait alors tant qu'il y aurait un Prussien en France et un Français, *ou une Française,* pour le tuer, s'il ne voulait pas s'en aller.

Le roi Guillaume aurait à répondre devant Dieu et devant les hommes de ce retour à la barbarie dont seul il serait cause.

Qu'il s'arrête donc dans cette voie fatale où il ne s'est déjà que trop engagé ; qu'il ouvre plutôt encore sa Bible et qu'il y lise :

« *Heureux ceux qui procurent la paix, car ils seront appelés enfants de Dieu* (1). »

Et aussi :

« *Malheur à la couronne d'orgueil* (2). »

Oui, malheur au roi Guillaume si abusant de ses faciles victoires contre un pays privé de ses armées et obligé d'en improviser, il refusait aux vaincus une juste et honorable paix ; car les Allemands finiraient par comprendre combien souvent la bonne harmonie entre les peuples, leur fortune et leur vie, sont *sacrifiés* par leurs souverains à des intérêts ou

---

(1) Math. v. 9.

(2) Esaï xxviii. 1.

à des amours-propres purement dynastiques ; et tendant la main à leurs frères de France, ils fonderaient *la République Allemande* à côté de la République Française, sachant bien que, sous cette forme de gouvernement, toutes les rancunes nationales, vieilles ou nouvelles, seraient bien vite oubliées, les peuples n'étant pas responsables des fautes ni des crimes de leurs souverains.

Si, pour forcer le roi Guillaume à leur rendre leurs fils, leurs pères, leurs maris, et à ne plus les exposer à se faire tuer en France, les Allemands ont besoin *d'un coup de main,* ils savent qu'ils n'ont qu'à ouvrir les portes à leurs 400,000 prisonniers français, qui seraient heureux de proclamer avec eux cette grande fraternité des peuples que l'avenir verra se réaliser.

Frédéric de CONINCK.

Havre, le 8 Février 1871.